移民

其實可以好簡單

本刊 AR 操作步驟

本書包含完整詳細的 Augmented Reality 擴增實境（簡稱 AR）講解，透過專屬平台即可以手機或是平板電腦，在螢幕上瀏覽更多移民相關的影片。

1. 利用處於上網狀態的手機或平板電腦裝置，透過相機鏡頭，掃描本頁 QR Code。

立即掃描
QR Code
觀看教學
影片

2. 此後，裝置便會自動啟用瀏覽器播放教學影片，並進入專屬的 AR 界面。

3. 把手機鏡頭對準附有 AR 圖示的相片，即可欣賞相關的移民影片。

要欣賞本刊 AR 影片，只需掃瞄一次 QR Code，確保 iOS / Android 裝置成功進入瀏覽器的 AR 界面，其後便可一直操作，過程中完全不用下載任何 App，易於使用。

序

認識筆者一段時間，Margaret 是一個是其是、非其非，異常爽朗的人，甚有想法。為其新書作序，當然樂意之至。

移民，對所有人來説，都必然是一個一生人中的重大決定。移居異國他鄉，在有限的認知和想象中，於一個陌生地方安頓下來，到底是怎樣的呢？

移民哪裡好？從何入手？當地文化怎樣？要準備甚麼東西？要留意甚麼法規？居住下去適合甚麼行業？ Margaret 充滿豐富經驗的分享，全書齊全收錄了各地的移民須知及秘訣。怕看不明白？您還可以 AR 重覆看，感受 Margaret 真實的講解，絕對有所裨益。打算在海外開創新一頁的您，本作是絕對不能不看，最實用的移民天書。不過，除了是一本萬用工具書之外，本書更討論了移民要預備的心態。

我很喜歡作者在書中提出的 3W。無論移居何處，當人來到異鄉，絕大多數都會經歷一種心理上的迷惑，也必然會遇上不適應、寂寞、失落、負面情緒；説實，犯不著糾結，任何時候買張機票，十多二十個小時後，就自然能回到香港。不過，與其出發後才糾結，倒不如開始計劃時想清想楚。每個人、每個家庭也有不同情形，融入新環境的難度也有分別，3W：Why、Where、When，就是從根本地去警醒大家，預先做好心理準備，勿忘初心，繼而找對時間、地點、方法；在心理上預備好才走出來，筆者這個安排，倒較任何只討論硬件、地域要求的工具書，來得有意思。

從這個意義上看，本書已超出了工具書的範疇，它讓我們看到了離開方法以外的一些反思，游子對移居的初心，更甚是移居者應該自問的：生命中最珍重的是什麼？只有清楚這問題的答案，您才知道要如何作出決擇。

這種自問，其實也迴響於我們每個人心中，正因如此，「如何作出決擇」才會觸動我們每一個人的神經。

放心，本書不會給你答案；不過，它總能帶給你一個全新反思、多個國際視野、整套只適合您一家的獨特移民方案。

致富證券資產管理業務兼投資研究主管

鄧澤堂

COVID 19 下的 2020 年 6 月

Contents
目錄

第一章
只要選擇合適自己的移民方案 移民其實可以好簡單

香港人總有一個移民夢，但國家眾多如何選擇呢？選擇的時候又要考慮甚麼因素？移民國家的政策絕對是關鍵性的一環。

隨著這兩年香港社會的急促變化，移民潮再度湧現，「反修例」風波時期，就引發移民人數達三萬人，創七年以來新高。但傳統的熱門移民國家「英美澳加」的移民門檻日益提高，令很多朋友感覺移民愈來愈困難，因此轉移傾向選擇一些新興的移民國家，但是否合適自己與家人呢？

雖然市場上的移民國家與計劃五花八門，但其實只要了解自己的「移民3W：Why、When、Where」，懂得選擇合適自己與家人的移民計劃，「移民其實可以好簡單」。

移民 3W 之 Why...
初心

移民首先要問「初心」，移民目的為什麼「Why」？香港史上最大的移民潮是於 1997 年香港主權移交前，逾 30 多萬人在 1987 到 1992 年間移居外地，當時的我正在讀中學，眼見身邊同學一個一個地隨家人移民到英美澳加，心內雖萬般不捨，但亦希望大家有更好發展。

但時至今天，香港人的移民選擇已大有不同，30 年前選擇移民的香港人，是希望給予家人有更優質的教育與生活。

今天，有些選擇移民到偏遠地區，例如東歐國家等，以「走難式」移民，目的只希望能盡快取得當地護照；有些就因當地樓價比香港便宜很多，而移居當地；有些更因為當地可以「買樓移民」，但沒有理解容許移民人士「買樓移民」的國家背後真正原因，是由於當地樓市一盤死水，當地人不會投資房地產市場，所以希望移民人士的投資能帶動當地樓市，因此才允許「買樓移民」。

所以，移民首先要問「初心」。 是為了自己 、孩子、家庭還是為了退休生活呢？不同的目的都會影響你的選擇。 例如為孩子升學或未來發展，英語為主與教育制度好的國家一定是首選，如英國、加拿大、澳洲等；如果移民目的是退休的話，泰國、日本可能是第一選擇，因當地醫療與退休福利完善。 移民前了解自己初心很重要，切忌慌不擇國，做錯決定！

想了解如何選擇合適自己與家人的移民國家？
立即以手機掃描相片觀看。

AR

移民 3W 之 When...
時機

其次就是何時可以離開香港生活「When」？你能什麼時候離開香港到移民國生活，也會影響你選擇的移民國，例如英國、加拿大等，當移民申請成功批刻後，申請人便需於三至六個月時間內，啟程前往當地居住。 但有些國家相對較寬鬆，如愛爾蘭、葡萄牙等一些歐盟國家，通常會先給你永居的身分，這時候你可留在香港，到真正想申請入藉，才需提前往當地居住。因此，什麼時候能離開香港，到移民國家展開新生活，也會影響移民國家的選擇。

移民其實可以好簡單 只要選擇合適自己的移民方案

移民 3W 之 Where...
未來三年適合香港人的國家

當找到移民初心，以及知道自己什麼時候可以離開香港，基本上便可著手鎖定某些適合自己的移民國家了。至於未來 3 年最適合香港人移民的國家，有以下推薦：

 適合港人的國家：英國

第一個推薦的就是傳統移民國家：英國。

英國一直是香港人熱門的移民國家，近年英國政府更大力提倡吸納海外人才及投資的政策，推出創業家移民簽證，就算沒有營商經驗，只要夥拍有經驗的英國公司，就可用較低的投資金額和更短的時間於英國展開新生活。綜觀英國優良的教育制度、世界頂尖大學、以及香港人最為熟悉的文化氣息，種種因素都令英國一直被很多港人視為理想移民國家的不二之選。

導讀

更多有關移民英國的資訊，請參閱第 4 章。

適合港人的國家：澳洲

第二個推薦就是香港人十分熱愛的澳洲。

澳洲當地沒有槍械問題，與香港只有兩小時的時差，加上氣候溫和等原因，今年悉尼剛被選為世界三大最佳居住城市。澳洲也擁有全面的醫療福利，教育福利，而且大學質素非常高，全國有八間大學名列全球 100 大，是香港人升學以及移民的熱門之選。

導讀

更多有關移民澳洲的資訊，請參閱第 3 章。

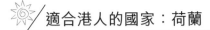

第三個就是越來越多人選擇的移民新貴荷蘭。

自從英國脫歐，很多國際企業紛紛撤離英國倫敦，進駐荷蘭阿姆斯特丹，令當地對人才需求急升。荷蘭高等教育名列世界第三，教育質素高，而且著重體驗式教育，激發學童自主思考。當地全國 13 間大學有 7 間排名世界 100 名內，其餘 6 間都在世界 200 名之內，十分適合為了小朋友的未來發展，希望有良好學習環境與發展機會的移民人士或家庭。

所以，只要選擇合適自己與家人的移民方案，「移民其實可以好簡單」。

導讀

更多有關移民荷蘭的資訊，請參閱第 7 章。

養學

很多人對移民有個錯覺，就是覺得移民成本很高，其實，選擇以「移民養學」取代送子女出國升學，成本相對更為划算。

以傳統升學熱門地英國為例，若到英國就讀私立中學，每年學費連寄宿費約 35,000 至 40,000 英鎊，而海外留學生每年大學學費約 27,000 - 40,000 英鎊。若小朋友 12 歲就到英國當地讀書，直至大學畢業總成本已經達 400,000 英鎊，若果有兩名子女成本就是雙倍。

假設子女 12 歲到英國升學 / 移民當地

	海外升學	移民當地
英國初中至高中學費	英國寄宿學校 每年 £35,000 - £40,000	免費
大學學費	海外留學生 每年學費 £27,000 - £40,000	本地學生 每年學費 £9,250
總成本（每位子女計算）	7 年中學學費約：£245,000 - £280,000 3 年大學學費：£75,000 - £120,000 總成本 = £320,000 - £400,000	3 年大學 學費 £27,750 總成本 = £27,750

一家四口移民只是 300 萬港元，所以移民養學更化算。

但是如果以申請商業投資移民到英美澳加等國，當申請人取得簽證，子女便可即時入讀當地公立學校，享有免費中小學教育；當升讀大學時，本地學生每年大學學費只需留學生 1/3 -1/4 價錢。而移民的成本只需要 200 至 300 萬港幣，即可帶同配偶與子女移居當地，享有當地的社會福利。

值得一提是，若希望子女能於當地發展，以出國升學其實太短視，除了畢業後於當地尋找工作困難外，連做實習的機會也可能損失，因大多數實習機會均以「本地生優先」，而且子女於畢業後必須於當地找到工作，獲僱主聘請取得工作簽證，才有機會於當地發展，否則便沒有資格繼續逗留。特別是現時全球新型冠狀病毒爆發期間，不少海外留學生被迫回港，打亂了畢業生的就業計劃；但若是以移民身分，便無此限制，子女可選擇留於當地或到海外發展，不用擔心被取消居留身分。

由此可見，移民養學除了成本比出國留學低，更重要是家長無須擔心子女畢業後不能留於當地發展的問題。

港人移民
3大類別

不同的年齡層，對移民均有不同需求，主要分以下 3 大類別：

1. 初出茅廬的年青人

受不了香港的政治壓迫，期望能有自由發展的空間。

2. 中產及專業人士

有家庭，於香港有事業，希望子女有更好教育，能於更舒適及自由空氣下成長。

3. 退休人士

希望為退休生活作準備，著重當地醫療以及養老服務，追求有質素的生活。

以上的香港移民人士中，第二類中產及專業人士就佔大約 80%。不同移民人士的年紀、工作經驗、人生閱歷及際遇各有不同，因而有著不一樣的 Why「初心」，所以千萬不要因身邊有朋友已移民到某個國家，而盲目跟風、隨波逐流。

疫情對移民的
影響

受新冠疫情影響，全球經濟下滑失業率上升。以澳洲為例，2020 年 4 月份的失業率高達 10%，而美國失業率亦創記錄升至 14.7%，現時各國紛紛以「本地人就業優先」為政策目標，對技術移民／僱主擔保移民需求大減，令打算以此方法移民人士大失預算。

但正因各國經濟下滑，反而令商業投資移民的需求急速上升，因各國都希望移民人士能引進資金及經驗到當地促進經濟發展，增加本地就業機會。因此，商業投資移民計劃受到各國政府歡迎，近期英國及澳洲的商業投資計劃批核時間都很迅速，縮短了移民申請所需的時間。

第二章
移民加拿大
其實可以好簡單

加拿大一度連續 4 年，獲選為全球最宜居國家第一名，加上樓價較低、政治環境穩定，以及教育制度和社會福利完善，所以素來是港人移民的首選，而加拿大移民局局長 Ahmed Hussen 於 2019 年初表示，由 2019 年至 2021 年間會招收 108 萬名新移民，而不同省份亦推出不同政策，望吸引更多外來人士。

加拿大 簡介

加拿大位處北美洲，由十個省和三個地區組成，與美國接壤，是全球面積第二大的國家。加拿大向來歡迎世界各地的移民，認為可以增強國家實力及令國家文化更多元。

	人口	3,500 萬
	面積	998 萬平方公里
	首都	渥太華
	貨幣	加拿大元 (CAD)
	匯率	1 CAD:5.53 HKD
	電壓	110V / 60

加拿大自然資源非常豐富，黃刀鎮更是著名的看極光地點，一年 365 天竟有超過 200 晚有機會看到極光；洛磯山脈綿延五千公里，被聯合國教科文組織列為世界自然遺產。

02
移民加拿大其實可以好簡單

加拿大
優勢

01 全球最宜居國家第一名

加拿大是香港人多年來移民國家當中的首選,截至 2019 年,加拿大已連續四年獲選為最宜居國家首名,同時也是全球「女性生活得最好的國家」排行榜的第三名。

02 華人多適應易

加拿大華人人口比例高,例如多倫多及溫哥華等主要城市,華人比例佔 10% 至20%。溫哥華的列治文市更被喻為「小香港」,超過七成人口為華人,比其他國家更令港人易於適應。

03 教育體系優越

加拿大教育體系之完整、水準之高是得到國際公認的。 大學均為公立，直接受國家和政府監督，其中 6 間更位列世界排名前百名。

04 全民醫保

加拿大實行全民醫保制度。加拿大公民或永久居民可以透過 Medicare 國家醫療保險，獲得全面的醫療保障；持有學生簽證的留學生或工作簽證的外國居民，若符合相關條件，也可以參加 Medicare 醫療保險。

05 兒童「牛奶金」

全稱為 Canada Child Benefit（CCB），每位 6 歲以下兒童每年可獲最高 6639 加元；6-17 歲以下兒童則每位每年可獲最高 5,602 加元。年收入不超過三萬加元的家庭可領取全額「牛奶金」，而「牛奶金」隨收入增加而遞減。

06 子女教育儲蓄獎勵

不論家庭收入多少，政府都會提供獎勵 Registered Education Savings Plan（RESP），發放相對於家長儲蓄的教育金額 20%，或每年最高 500 加元作為教育的補助。

07 退休制度健全

加拿大的退休保障制度包括養老金 Old Age Security（OAS）、退休金 Canada Pension Plan（CPP）及保證收入補助金 Guaranteed Income Supplement（GIS），並可按照在加拿大居住年期，及過往繳付的供款而獲得不同金額。

加拿大
移民法

加拿大移民法分別由聯邦政府及省政府管轄，而且各有具體的決策過程和要求。

聯邦政府

- Express Entry (Comprehensive Ranking System — CRS) 簽證、移民和難民

省政府

- 特別針對該區域的社會經濟需求 PNP 技術計劃、特殊領域的投資專案

促進經濟類移民方案

聯邦計劃
- 投資者與企業家
- 熟練工人 (On List Occupations)
- 加拿大體驗班 (CEC)

省提名計劃
- 有經驗人才
- 國際學生
- 需求職業類別

移民
種類

加拿大的移民類型分為技術移民、工作移民、親屬移民及投資移民。
值得一提是，加拿大的失業率並不高，但各省份對特殊技能及專業知
識如電工、管道工人、註冊護士、藥劑師等等需求都很大，特別是農
村和未開發的無人區。

加拿大移民類型概覽

加拿大		
技術移民	自僱移民	具有藝術或者體育天賦的人才，能夠為加拿大的藝術和體育事業貢獻力量；或具有一定的農場管理經驗，並有能力在加拿大購買並管理農場
	省提名移民	省份根據自己省的經濟發展情況及對人才需要而與聯邦移民局協商出來的移民途徑
	聯邦技術移民	申請人憑藉自身的學歷、職業技能、語言能力等方面的綜合能力申請移民
工作移民	聯邦技工類移民	申請人 5 年內至少擁有 2 年相關全職的工作經驗，並持有加拿大僱主提供的全職僱用合同，或者獲得地區簽發的資格證書
	加拿大經驗類移民	近 3 年內至少有 1 年全職或等同的兼職的加拿大技術工作經驗
親屬移民	擔保配偶、未獨立子女移民	如果配偶和孩子在海外原居地，循海外申請的方式申請移民簽證
	擔保父母、祖父母移民	擔保人必須為加拿大公民或移民
	擔保其他家庭成員移民	作為加拿大公民或者永久居民，並且在 18 周歲以上，可作為擔保人幫助其他家庭成員移民
投資移民	投資移民	投資者將資金投資到加拿大政府批准的投資基金，或合適的商業項目

移民 加分法

加拿大透過移民局電腦中央計分系統 Comprehensive Ranking System (CRS)，來甄選合資格移民人士，系統約兩星期會更新一次分數要求，一般由 440 至 460 分左右，由於申請人數眾多，於 2020 年 5 月邀請分數更高達 472 分。如年齡超過 40 歲，又或從未於當地升學畢業，可能會差 100 至 200 分才達標。

加拿大移民參考路徑

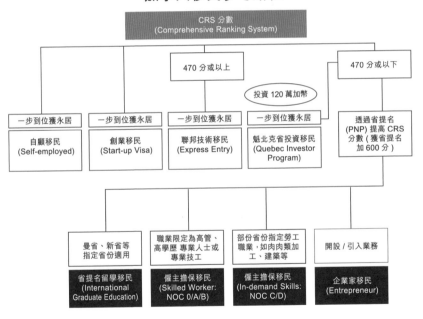

移民分數自己計

利用以下連結，即可進入加拿大移民局網站，為自己計算有關分數。

🔍 https://www.cic.gc.ca/english/immigrate/skilled/crs-tool.asp ✕

冷知識

最適合港人移民加拿大方案

01 國際留學生移民計劃

加拿大各個省份均歡迎國際留學生移民，只要申請人在加拿大留學並符合相關省提名（PNP）要求，即可申請成為永久居民（PR）；或可透過於加拿大讀書，為申請人增加於 Express Entry 的移民分數，提高被邀請機會。

申請人於合資格院校就讀全職課程一至兩年後畢業，便可申請 1-3 年的工作簽證，而無需僱主擔保。而當取得工作簽證後，持續在當地工作滿指定年期，便可入籍成為加拿大公民，之後可移居至其他省份。

由於加拿大每個省份處理永久居留權申請的計分方法以及移民法案都有不同，如申請人從事的職業、修讀的課程、持有的學位證書，以及有否親屬定居當地等，均對分數有所影響。

申請人亦可帶同配偶與子女一同前往加拿大，配偶可於當地工作、子女亦可於當地免費就讀中小學。當申請人畢業後獲僱主聘請，便可申請省提名，獲省提名或可增加技術移民 Express Entry (EE) 分數，直接申請楓葉卡 。

申請流程

主申請人	安排入讀加拿大本地合資格課程 1-2 年	→	畢業後申請工簽，繼續工作 1-3 年	→	申請省提名 / 直接申請永久居留身份	→	成功永久移民加拿大
子女	免費入讀本地小學						
配偶	即時可在本地工作或讀書						

02 企業家移民計劃

加拿大每個省份均有省提名企業家項目 (Provincial Nomination Programs, PNP)。此項目為有志於加拿大開創生意的企業家／高級管理人員提供機會，透過經營生意符合相關要求，即可申請加拿大永久居留身份。

不同的省份有不同的投資要求，可以選擇於大城市或偏遠地區做生意，雖然偏遠地區投資金額一般較低，約 15 萬加幣起，唯大家需注意，現時加拿大約 75% 人口主要居住於安大略省、魁北克省與 BC 省，因此若希望於加拿大的生意可持續運行，建議大家選擇到安大略省或 BC 省比較合適。

企業家移民計劃申請要求

企業家移民計劃旨在為希望於加拿大實施新業務或購入現有商業項目，適合具有最少 3 年以上的高管人士，一旦申請成功，申請人會獲發加拿大工作簽證，開始於當地開展生意，並需於指定期間提交項目報告，當獲發省政府提名後，便可以向加拿大移民部申請成為永久居民。

想了解更多有關加拿大移民攻略？
立即以手機掃描相片觀看。

AR

BC 省移民提名計劃

加拿大 BC 省提名項目 (Brisitish Columbia Provincial Nominee Program, 簡稱 BC PNP) 移民計劃，是企業家移民的一種，投資金額由 20 萬加幣起，旨在吸引加拿大境外的企業家在當地投入資金，開展新業務或購買現有業務，促進地區經濟發展。

BC PNP 分以下的兩類：

基本類別： 適用於打算在卑詩省建立新業務或接管並發展現有業務的經驗豐富的企業家。

區域試點： 為吸引企業家於 BC 省人口較少的地區開設企業，並展開與該地區經濟發展相關的業務。

 # 安大略省移民提名計劃

安省企業家移民適合那些希望在安大略省開業和經營業務的人士，投資金額較 BC 省高，若業務於大多倫多地區經營，投資額由 60 萬加幣起；若業務於大多倫多地區以外經營，投資額由 20 萬加幣起。

 # 如何選擇合適的商業項目？

透過企業家移民計劃，可選擇建立新業務或購買加拿大現有業務，該商業項目必須與申請人的工作經驗或背景具相關性，於申請時提交商業計劃書，並按照計劃書實行便可。但留意，若選擇購買加拿大現有業務，必須對現有業務進行改善或擴展，以及為該省的經濟增長做出貢獻。

加拿大企業家移民比較表

	BC 省 - 基本地區	安大略省
工作經驗	最近十年內：(以下三選一)： (1) 過去 5 年至少有 3 年的企業主經營管理經驗 (2) 過去 5 年至少有 4 年的高級管理經驗 (3) 過去 5 年至少有 1 年的企業主經營管理經驗 2 年以上高管經驗	在過去 60 個月至少有 24 個月的全職高管經驗
個人淨資產	60 萬加幣起	大多倫多地區 - 80 萬加幣起 大多倫多以外地區 -40 萬加幣起
教育水準	有高等教育證書。 或在過去 5 年中至少有 3 年作為企業實質運營經驗，擁有 100% 的業務所有權	無指定要求
商業計劃書	可於 BC 省創立新企業或購買現有企業提交商業計劃書	可於安大略省創立新企業或購買現有企業提交商業計劃書
企業所有權	最少擁有 33.33%	最少擁有 33.33%
投資額	20 萬加幣起	大多倫多地區 - 60 萬加幣起 大多倫多以外地區 - 20 萬加幣起
創造就業	最少創造一名或以上的全職加拿大公民或永久居民	大多倫多地區 - 最少創造兩名或以上的全職加拿大公民或永久居民 大多倫多以外地區 - 最少創造一名或以上的全職加拿大公民或永久居民
地點	卑詩省內任何地方	安大略省任何地方

加拿大
個案分享1

申請人擁有八年市場管理及營銷經驗，為香港及國內市場制定天然食物營銷策略，監督從澳洲進口到香港的產品，以及將產品從香港出口內銷至中國，確保產品符合中國的進口監管規定，並協辦於香港及中國的銷售活動。透過客人的工作經驗，我們協助申請 BC 省提名計劃，建議營運地點於卑詩省內人口 50 萬或以下城市，開展天然食物出口生意計劃，將加拿大的天然食品引入中國市場，並創造 2 個加拿大本地就業職位，成功獲得 BC 省政府邀請到當地開展商業計劃。

其實可以好簡單

移民加拿大

職業：市場經理
年齡：40 歲
子女數目：2
工作經驗：從事八年市場管理及營銷經驗
生意計劃：加拿大天然食物出口生意

APPROVED APPROVED APPROVED

加拿大
個案分享 2

申請人於香港從事社會工作逾八年，原本想透過技術移民到加拿大，唯當時計算後分數不足。因此我們為申請人制定移民規劃，先協助申請人到 BC 省修讀相關的兩年制課程，並協助他畢業後取得三年工作簽證及考取相關專業認證。由於申請人畢業後已順利於當地找到工作，擁有當地工作經驗，我們協助他申請聯邦技術移民時，已取得高分數，故順利獲得加拿大移民部的移民申請邀請函。

職業：社工
年齡：33 歲
子女數目：未有
工作經驗：從事社會工作超過八年

想了解有關香港 VS 加拿大生活成本比較？
立即以手機掃描相片觀看。

AR

第三章
移民澳洲
其實可以好簡單

澳洲地廣人稀，物產豐富，加上風光綺麗氣候宜人，所以一直都是香港人的超熱門移民目的地。曾有個案，利用助養樹熊計劃也可以成功移民，是否很簡單呢？本章稍後將有另文提及。

澳洲
簡介

澳洲地處南半球，境內七大州分別為西澳、北領地、南澳、昆士蘭、新南威爾士、維多利亞和塔斯曼尼亞。其中西澳、北領地和南澳屬偏遠地區，對移民申請者的要求亦略有不同。

03

其實可以好簡單

移民澳洲

人口	2,500 萬
面積	770 萬平方公里
首都	坎培拉
貨幣	澳元 (AUD)
匯率	1 AUD:5.1 HKD
電壓	240V / 50

澳洲不少國民來自歐洲及亞太區，因此成為一個多元文化的國家，原住民氣息也很強烈。其腹地之遼闊大家很難想像，在某些人煙稀少的城鎮就算正值普通城市的繁忙時間，遇到動物的機會比遇到人的機會還大，例如開著車在馬路上行駛時候，會遇見鴯鶓（澳洲獨有大型鳥類）在行人道上散步；袋鼠在公路上橫衝直撞更是常有的事。

澳洲
優勢

01 氣候宜人

香港人選擇移民澳洲的原因之一是與香港的時差只兩小時（夏令時間期間時差為三小時）。澳洲與香港都是沒有寒冬的地方，最冷也不會跌破攝氏零度。

02 醫療福利

澳洲實行全民醫保，只需申請一張醫療卡，持卡人就可在私人診所及各大公立醫院得到免費的醫療服務。納稅人必須以收入的 2% 繳付醫療保險稅。

03 社會保障體系

澳洲的社會保障福利十分完善。兒童助養方面，每人每兩週可得到 50 至 300 澳元；高等教育學生的津貼則是每人每兩週 330 澳元；失業救濟金每人每兩週有410 澳元。

04 沒有槍械氾濫問題

自 Port Arthur（1996 年）及 Monash University（2002 年）的槍擊案之後，澳洲修改了槍管法律，國民欲申請擁有槍枝需經過筆試和個人資訊登記並説明持槍原因（絕對不可是自衛），還需要警員背景調查，而且持槍證有效期只有三年。

05 高質教育

澳洲的教育擁有世界一流的水平，以不到世界 0.5% 的人口卻貢獻了全世界 3% 的科研成果。澳洲的免費教育由 6 歲至 15 歲，逾七成的學生就讀公立學校，老師會採多元化手法包括教導、小組研究、演講、視覺演示等等，而且很鼓勵互動，並以多種評估方式來評估學生的學習成果。

由澳洲國立大學 (Australian National University)、墨爾本大學 (The University of Melbourne)、悉尼大學 (The University of Sydney)、新南威爾士大學 (The Univer-sity of New South Wales)、昆士蘭大學 (The University of Queensland)、蒙納許大學 (Monash University)、西澳大學（The University of Western Australia) 以及阿德萊德大學 (The University of Adelaide) 所組成的 Group of Eight（簡稱 G8）更被譽為澳洲版的常春藤聯盟，過往培育出多名諾貝爾獎得主，一直是南半球與環太平洋地區的領導地位學府，更坐享澳洲政府接近 70% 的教育和研究預算；再加上一眾主攻科學、技術和創新的四星大學（包括悉尼科技大學、紐卡素大學、墨爾本皇家理工大學、昆士蘭科技大學等等），其教育水平、教育資源和畢業生滿意度僅次於 G8。順帶一提，本地學生與海外學生學費差異很大，譬如海外學生大學本科學費每年約 4 萬澳元，但本地學生只需 1 萬澳元。

三種 移民類別

澳洲的移民計劃分三大類別，包括家庭團聚、技術移民及商業投資移民。根據澳洲移民局的資料，2019 至 2020 年度申請移民的個案有超過 16 萬人，而商業投資移民佔 6,800 人。

澳洲移民 3 大主要類別

家庭團聚	技術移民	商業投資移民
	• 職業評估 (Skill Assessment Test) • 年齡、學歷、英語水平要求高	年齡、學歷要求很低
佔 35% - 40%	佔 50%	佔 10% - 15%

澳洲地大人少，動物比人還要多，2019 年澳洲山火死亡的動物數量超過 10 億隻。想了解有關澳洲偏遠地區，立即以手機掃描相片觀看。

AR

兩種 技術移民

如閣下是 35 歲以下、英語能力強、具專業知識、仍有時間排隊等候，選擇技術移民的成功機會較大。

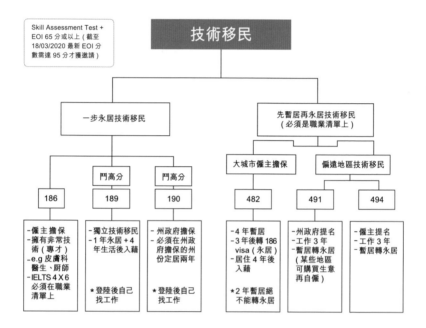

01 技術移民

根據申請人的年齡、學歷、英語程度、工作職業來評分。以往只需 75 分就可得到澳洲州政府邀請，但近幾年競爭激烈，普遍需達 90 ~ 95 分，同時申請人的雅思 IELTS 分數也必須達到每項 8 分或以上。

02 僱主擔保移民

需有澳洲僱主擔保，且申請人從事的職業必須在符合申請要求的職業清單上，如此申請人就可以申請 482 visa（或者偏遠地區的 491 及 494 visa）。申請人的年齡必須在 45 歲以下。

商業
投資移民

澳洲的商業投資移民有眾多選擇。先來參考以下圖表看哪個適合你。

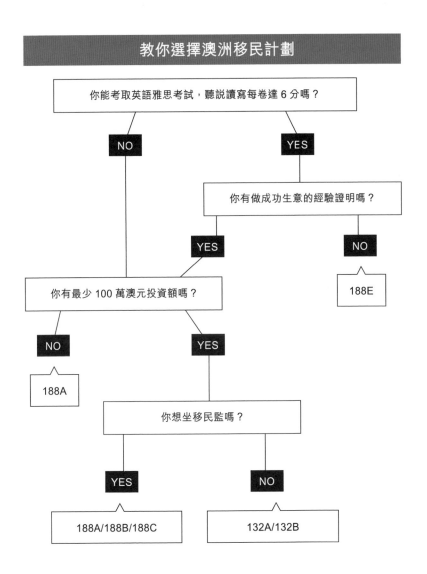

教你選擇澳洲移民計劃

你能考取英語雅思考試，聽説讀寫每卷達 6 分嗎？

NO ← → YES

你有做成功生意的經驗證明嗎？

YES / NO

188E

你有最少 100 萬澳元投資額嗎？

NO / YES

188A

你想坐移民監嗎？

YES / NO

188A/188B/188C　　132A/132B

澳洲臨居與永居分別

	臨居 -TR （188 簽證）	永居 -PR （888，132 簽證）
教育福利	部分洲份父母持有 188 簽證， 小孩即享有免費公立教育	免費小學，初中及高中的 公立教育
醫療福利	未可享有	即時享有
新生嬰兒福利	未可享有	即時享有
購買二手房產 / 土地	不可以	不受限制
首次購房的補貼	不可以	可以（視乎州和地區的政策）
印花稅的折扣 / 免稅	不可以	可以（視乎州和地區的政策）

澳洲
商業投資移民分別

澳洲商業投資移民計劃分 188 與 132 系列，其分別是 188 計劃是先取得臨居身份，於 4 年內申請人居住滿指定時間，而且生意或投資額達相關要求，即可申請 888 永居簽證；而 132 計劃是一步到位，取得永居身分。

很多香港人的印象是移民澳洲極為困難，因為最為人熟悉的 188A 計劃，申請人必須有營商經驗，而且在過去四個財政年度至少有兩個年度的營業額不得少於 50 萬澳幣。但大部份香港人為打工階層，所以根本不適用這類的申請計劃。

188B 與 188C 都屬於投資移民，只要投資指定的金額即可移民到澳洲。188B 的投資金額為 150 萬澳幣，但必須證明申請人是一名積極的投資者，而港人的投資項目多數比較單一如房地產等，需要花時間整理資產組合以證明是積極的投資者。當局對 188B 的投資金額來源審查較為嚴謹，申請人需要較多時間準備文件，申請有一定難度。188C 對申請人投資金額來源審查比 188B 較寬鬆，但要求投資金額需 500 萬澳幣，較少港人符合要求。

132A 與 132B 屬一步到位取得永久居民身份的移民計劃，申請人需要證明具卓越的營商及管理經驗，對大部份港人來説也是比較難達到的層面。

專家推薦
最適合港人移民澳洲方案

188E 最適合港人

綜合以上種種，188E 可以説是比較適合香港人申請的澳洲移民計劃。該計劃不需要申請人有經營生意的經驗，對申請人的資產也沒有特別的規定。 但此計劃對申請人的英語程度有要求－雅思 IELTS 的分數需在聽寫讀講四個方面取得 6 分或以上，對於英語水平高的港人有優勢。

想了解更多有關澳洲 188E 計劃詳情？立即以手機掃描相片觀看。

AR

申請
流程

188E 要求申請人提出對澳洲來説創新的商業項目,而這個商業項目必須經營至少四年,這四年當中申請人須至少有一半的時間居住在澳洲。

由於該申請項目須事先得到澳洲的風險投資公司批核,大部份申請人都會擔心自己的創新商業項目能否通過審批,而且就算申請人在香港有豐富的營商經驗,也難以得知澳洲當地的商業文化和訊息。最簡單直接的方法,是找到在澳洲當地具豐富商業經驗及廣闊人際網絡的公司商談,通過與他們的合作可比較容易達到 188E 要求的標準。

188E
商業創新投資流程
(臨居)

客戶背景資料評估 (EOI)
↓
提供初步評估建議書
↓
簽署協議書
↓
收集客戶資料準備遞交申請
↓
遞交申請到州政府
↓
州政府通過
↓
獲批 188 臨居簽證

當獲得 188 臨居簽證後,便可進一步申請 888 永居簽證。

888E
商業創新投資流程
(永居)

獲得 188 臨居批簽
↓
進行投資 / 開始運營 生意
↓
滿足居住要求
↓
符合 4 年投資公司經營的要求
↓
收集營運資料準備遞交申請
↓
申請並獲批 888 永居簽證

03
移民澳洲
其實可以好簡單

澳洲
個案分享

申請人過去助養很多小動物，通過配對澳洲樹熊保育中心，生產樹熊相關飾品，透過電子平台銷售至全球，為澳洲當地保育中心籌款，最後成功申請 188E 企業家簽證移民方案。

職業：工程師
年齡：48 歲
子女數目：2
工作經驗：從事十多年機械工程
生意計劃：Trading and donation Apps

想了解有關香港 VS 澳洲生活成本比較？
立即以手機掃描相片觀看。

AR

第四章
移民英國
其實可以好簡單

英國一直是香港人熱門的移民國家，擁有優越的教育制度、世界頂尖大學、以及香港人最為熟悉的文化氣息，種種因素都令英國一直被很多港人，視為理想移民國家。

英國
簡介

英國 (United Kingdom of Great Britain and Northern Ireland) 即大不列顛王國，歷史可遠朔到十六世紀，悠久的歷史孕育出豐厚文化和超凡的藝術氣質。當地氣候溫和多雨，首都倫敦更有霧都之稱，也是僅次於美國的全球第二大金融中心，也造就英國成為世界第五大經濟體。

人口	6,665 萬	
面積	24.25 萬平方公里	
首都	倫敦	
貨幣	英鎊 (GBP)	
匯率	1 GBP:9.55 HKD	
電壓	230V / 50	

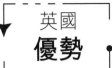

英國
優勢

教育制度

英國的教育制度為世界所尊崇，歷史悠久的牛津大學 (University of Oxford)、劍橋大學 (University of Cambridge)、倫敦帝國學院 (Imperial College London)、倫敦大學學院 (University College London)、倫敦政治經濟學院 (London School of Econmics and Political Science) 等都吸引著全球各地的學子就讀。各大名校曾培育出眾多叱吒風雲的人物，如美國前總統克林頓、諾貝爾和平獎得主昂山素姬、香港的李嘉誠、張國榮、陳奕迅等也都出自這個名人搖籃。2020 年，英國更贏得了「全球最佳教育國家」冠軍頭銜，打破過往由美國攏段的現象。

儘管英國升學的費用不菲，許多香港家長都寧願節衣縮食，也要將子女送往當地升學，讓他們獲得頂尖教育，期望畢業後有機會在英國就業安居。值得一提是，英國允許國民擁有雙重國籍，同時也有很多國家的免簽待遇。治安良好、犯罪率持續偏低亦是英國另一吸引之處。

移民計劃
5大種類

英國簽證的主要類別分別為 Tier 1 (Investor), Tier 2 (Work), Tier 4 (Student), Tier 5 (Temporary) 與 Other Work Visas 這五種。

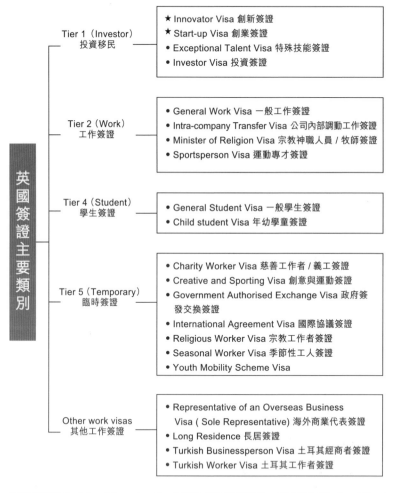

英國簽證主要類別

Tier 1（Investor）投資移民
- ★ Innovator Visa 創新簽證
- ★ Start-up Visa 創業簽證
- Exceptional Talent Visa 特殊技能簽證
- Investor Visa 投資簽證

Tier 2（Work）工作簽證
- General Work Visa 一般工作簽證
- Intra-company Transfer Visa 公司內部調動工作簽證
- Minister of Religion Visa 宗教神職人員 / 牧師簽證
- Sportsperson Visa 運動專才簽證

Tier 4（Student）學生簽證
- General Student Visa 一般學生簽證
- Child student Visa 年幼學童簽證

Tier 5（Temporary）臨時簽證
- Charity Worker Visa 慈善工作者 / 義工簽證
- Creative and Sporting Visa 創意與運動簽證
- Government Authorised Exchange Visa 政府簽發交換簽證
- International Agreement Visa 國際協議簽證
- Religious Worker Visa 宗教工作者簽證
- Seasonal Worker Visa 季節性工人簽證
- Youth Mobility Scheme Visa

Other work visas 其他工作簽證
- Representative of an Overseas Business Visa (Sole Representative) 海外商業代表簽證
- Long Residence 長居簽證
- Turkish Businessperson Visa 土耳其經商者簽證
- Turkish Worker Visa 土耳其工作者簽證

移民英國除了（Tier 1 Investor Visa）投資 200 萬英鎊外，T1 初創 (Start-up Visa) 及創新企業家 (Innovator Visa) 也是近年大受歡迎的計劃，投資額只需 5 萬英鎊起，而且申請週期短，最快可 3 年取得永居，更可攜同配偶及 18 歲以下子女移居英國。

Tier 1 移民英國簽證當中，越來越多人選用創新簽證（Innovator Visa）。此計劃的主要目的是讓有志移民英國的海外投資者，在英國創立業務或與當地業務合作，發展生意並創造就業機會。而創立的業務或合作業務必須創新，並可持續性擴展。

冷知識

英國留學移民

很多有誤解，以為於英國讀書，便可獲得永居身分。其實，需於英國連續合法居住滿十年以上，才可申請長期居留（Long Residence），並需符合指定要求，包括十年內不可離開英國超過 540 日。唯在新冠肺炎影響下，英國學校關閉導致大量香港留學生，於今年 3 月時紛紛回港，令不少希望用此方法，讓子女畢業後申請此簽證的家長大失預算。

英國商業投資移民選擇

	Sole Representative (舊政府政策，將被取代)	Star up Visa (新政府政策)	Innovator Visa (新政府政策)
簽證類型	先獲批 3 年簽證 滿足要求可延續多 2 年簽證	先獲批 2 年簽證 滿足要求可轉 T1 Innovator Visa	3 年簽證 滿足要求可直接 申請永居
投資額	不限，但母公司營 業額每年最少達 500 萬港幣或以上	50,000 英鎊起	50,000 英鎊起
獲取永居時間	36 個月 +24 個月	不可直接取得永居	36 個月
簽證批核機構	英國移民局	英國 Endorsing Body 審批業務計劃	英國 Endorsing Body 審批業務計劃
業務計劃批核 要求	三年後續簽必須提供公 司交稅記錄，證明已於 英國建立商業活動，提 供工資證明等	必需為創新、可持 續及可擴展的業務	必需為創新、可持 續及可擴展的業務
語文能力要求	IELTS 4 分或以上	IELTS 5.5 分或以上	IELTS 5.5 分或以上
居留英國要求	每年不少於 184 日	每年不少於 184 日	每年不少於 184 日

Sole Representative 海外唯一代表簽證是讓於香港開設的母公司，於英國開立子公司，把業務擴展到英國，申請人必須受僱於英國子公司，擔任高級管理職位。申請人會先獲批三年簽證，三年後續簽須提供公司交稅記錄，證明已於英國建立商業活動，提供工資證明等，當滿足要求可延續多兩年簽證，然後再申請永居。

Start Up Visa 初創簽證與 Innovator Visa 創新簽證，是由英國內政部於 2019 年 3 月 7 日推出，取代舊有的 Tier 1 畢業生企業家簽證（Graduate Entrepreneur Visa）及 Tier 1 企業家簽證（Entrepreneur Visa）。

Start Up Visa 初創簽證是給讓有創意，但沒有營商經驗的人士申請，獲得英國高等教育機構或政府授權機構認可，便可於英國創立企業，而生意性質須符合創新性、可行性和可擴展性，初創簽證為期為兩年，兩年後可考慮轉至 Innovator visa 創新簽證以取得永居身份。

Innovator Visa 創新簽證是讓有工作經驗的申請人，於英國創立業務或與當地企業合作，發展新業務並創造就業機會，而創立的業務需要符合創新、可持續並可擴展，業務計劃得到政府授權機構認可，當生意經營 3 年後並符合要求，便可申請英國永居。

專家推薦
最適合港人移民英國方案

創新簽證 T1 Innovator Visa 是現時最快能申請英國永居的方案，申請人只需要有工作經驗，IELTS 考獲 5.5 分或以上成績，便可申請。然而大部份香港人均為上班族，沒有豐富的營商經驗，會擔心難以營運創新業務。其實只要利用商業配對，就可以令沒有營商經驗的申請人，能夠拍經驗豐富的企業，開展生意，擁有屬於自己的業務，從而以創新簽證的身份於英國居留，而且配偶與子女也可即時跟隨到英國，子女更可入讀當地中小學，享有免費教育；而申請人持有創新簽證 3 年後，即可申請永居身份，比一般的英國移民計劃時間為短。

申請創新簽證 T1 Innovator Visa 首先需要一個完善的業務計劃，題材必須是有創新性 (innovate)、經營必須具彈性（variable）、還有最重要的一點：具擴充性（scalable）。

此類簽證申請需要通過英國政府授權機構 Endorsing Body 的審批，才可以獲得創新簽證。Endorsing Body 的定位，是協助海外企業家投資英國本土業務，由於他們有豐富的營商經驗，獲英國政府信賴並授權審批申請。他們會根據上述提及業務計劃的三個方向，審批你的申請，簡而言之要審核你的計劃是否真的原創、可行性有多高、你是否具有該項專業能力與資格、這個計劃能夠為英國經濟市場帶來多少就業機會等。

當簽證批核後，你便可往英國設立公司並開始營運，同時唯有業務達標者方可申請永居。

正如前文提及，創新投資項目在經營 3 年後，業務達標才可申請英國永居
(IRL)，而達標條件看起來好像有很多，但其實只需符合以下其中兩項便可：

- 投資額最少為 5 萬英鎊
- 客戶數量增長一倍，並高於同行客戶的中位數
- 投放資源於研發，並申請專利
- 第三年的總收入為 100 萬英鎊以上
- 業務製造 10 個或以上的本地全職就業機會
- 業務製造 5 個或以上的本地全職就業機會，平均每個職位年收入最少為
  25,000 英鎊

經驗豐富的商業合作機構，會為申請者挑選優質合作伙伴，提供生意營
運上的指導，以及協助獲得英國簽證及永久居留權，提供一站式服務。
可見其角色極其重要，所以要審慎選擇。

想了解更多有關英國 T1 Innovator Visa 詳情？
立即以手機掃描相片觀看。

AR

申請
過程

申請流程

1 分析
2 優化
3 計劃
4 確認
5 輔助

01 背景分析

- 分析客戶背景，包括學歷、工作經驗，以及專長
- 利用龐大的業務伙伴網絡，為不同背景的客戶挑選合適的合作伙伴
- 令沒有營商經驗的申請人，亦可伙拍有豐富經驗的企業
- 提供初步評估報告，以及英國優質商業合作伙伴選擇

02 優化業務計劃

- 融入客戶的業務概念及背景
- 編輯成創新、可持續及可擴展的業務計劃

03 協助計劃及預備審批

- 根據創新簽證及轉換永居要求，為客戶準備完善計劃書及所需文件
- 提供培訓，務求讓客戶有最佳準備
- 讓客戶的申請能夠更優先被處理及加簽

04 確認批核

- 獲得批核後會得到一個 Endorsement Reference Number（ERN），持有 ERN 即代表能夠申請 Innovator Visa
- 協助客戶著準備文件申請簽證、聯繫合作伙伴、開設公司帳戶，並提供法律及 會計支援

05 業務營運協助

- 就算沒有從商經驗，透過當地合作伙伴的協助，亦可隱妥地營運業務
- 業務經營 3 年期間，協助達成轉換永居的要求

投資項目橫誇不同行業

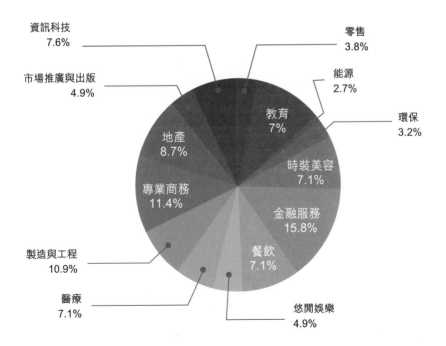

資訊科技
7.6%

市場推廣與出版
4.9%

零售
3.8%

能源
2.7%

環保
3.2%

教育
7%

地產
8.7%

時裝美容
7.1%

專業商務
11.4%

金融服務
15.8%

製造與工程
10.9%

餐飲
7.1%

醫療
7.1%

悠閒娛樂
4.9%

英國成功
個案分享1

申請人過去從事品牌與市場推廣超過 15 年,透過其豐富的市場營銷經驗,了解到申請人對東南亞零售市場有專業認識,成功配對了一間於英國超過 30 年歷史的威士忌企業,合作創造前所未有的新穎、創新的威士忌風格,推廣至東南亞市場。

職業:品牌經理
年齡:48 歲
子女數目:1
工作經驗:從事市場推廣超過 15 年
生意計劃:創新的威士忌風格,推廣至東南亞

英國成功
個案分享2

申請人從事教授中文超過 25 年,教育碩士畢業,過去曾與不同學校與社福團體合作,推廣中華文化。憑藉其中華文化的深厚認識,成功配對英國華語學習企業,該企業目前於英國大約與 50 所學校提供面對面的課程教學,未來將合作開發 Online Global Classroom 技術。

職業:職業:教師
年齡:50 歲
子女數目:3
工作經驗:教授中文超過 25 年
生意計劃:Online Global Classroom

英國成功
個案分享 3

申請人從事運動用品生產公司超過十年，有豐富零件生產與採購經驗，成功配對英國歷史悠久的單車服務供應商，合作開創英國第一家為特定行業和消費者，提供「客制化」單車零件和車隊的製造商。

職業：採購經理
年齡：45 歲
子女數目：2
工作經驗：超過十年零件生產與採購經驗
生意計劃：「客制化」單車零件和車隊的製造商

香港與英國生活

成本比較

想了解有關香港 VS 英國生活成本比較？
立即以手機掃描相片觀看。

AR

第五章
移民美國
其實可以好簡單

美國是世界最大經濟體，金融和科技強國，有著多元文化，社會講求法治，崇尚自由民主，尊重人權和財產。美國的教育制度既完善又優質，加上名校林立，有著名的常春藤聯盟學校，教育水平高，所以是熱門港人移民國家之一。

美國
簡介

美國又名阿美利堅合眾國，位於北美洲，由 50 個州組成的美國 (United States of America)，建國 200 餘年，是全世界最大的經濟體，同時也是全世界旅遊業最發達的國家，大峽谷的雄偉壯闊獨霸全球；夏威夷群島更以宜人氣候吸引著各地旅客。

	人口	約 3 億
	面積	962 萬平方公里
	首都	華盛頓
	貨幣	美元 (USD)
	匯率	1 USD:7.8 HKD
	電壓	110V / 60

美國
優勢

01 世界最大經濟體

美國是全球最大的貿易經濟國家，人均 GDP 逾 5 萬美元，對外貿易額全球排名第二，金融業非常發達，華爾街更是舉世知名。

02 教育科技領先

全球大學排名頭 50 位當中，來自美國的就佔了 20 間，當地亦有著世界認可的優良校網。另外，很多科技巨擘都來自矽谷，NASA 也是無人不識，所以吸引到不少人才和學生移民。移民後可以就讀當地公立學校，由幼稚園至高中均是免費，大學教育方面則可以國民學費入讀頂級大學。

03 多元文化

美國本身是個移民國家，各地移民帶來自己的文化在此交融，形成多元的美國文化。

04 美國護照世界通行

美國是講求自由的國家，護照可說是世界通行，國民可享 184 個國家 / 地區免簽證。

移民方案
計劃種類

美國的移民類型分為技術移民、工作移民、親屬團聚移民和商業投資移民。

美國移民類型概覽

技術移民	EB1-A	傑出人才移民,即申請人在藝術、科學、教育、商業等領域取得傑出的成就,得到廣泛認可。
	EB1-B	傑出教授或研究人員移民,他們領先於某個學科或者在其學術領域蜚聲國際。
	EB1-C	優秀的企業管理者,也就是在美工作的其他國籍的高管,他們需要證明自身卓越的管理能力。
	EB-2	高學歷專業人士移民,即擁有碩士或者更高學位的人士,且有五年與專業相關的工作經驗,這些人士的引入將為美國作出突出貢獻。
	EB-4	宗教、神職人員的移民。
工作移民	勞工移民	需要僱主為員工進行一系列的申請。
	L-1	長期在美國工作的外籍人士在持有 L-1 簽證滿一年之後,若其所在公司符合一定要求,可申請移民。
親屬移民	無配額限制	適合美國公民的配偶、21 歲以下未婚子女及 21 歲以上美國公民的父母申請,類型包括:IR/CR1, IR/CR2, IR3/IR4, IR5, K1, K3, K4。
	受配額限制	含 F1、F2、F3、F4 四類,申請人申請合格之後仍需視乎名額多寡等候排期。
投資移民	EB-5	通過投資美國的商業項目並創造就業崗位,滿一定年限後移民。

美國總統特朗普曾於首屆任期提及,親屬團聚移民成功機率會較低,而最多港人選擇的是商業投資移民 EB-5(Employment-Based Fifth Preference Immigration Visas),即美國移民局(USCIS)轄下第五類優先就業類的移民簽證。

05

其實可以好簡單

移民美國

投資移民
計劃

美國國會於 1990 年制定了 EB-5 計劃，以通過創造就業機會和外國投資者進行資本投資來刺激美國經濟，增加就業機會，對投資者並無任何英語、營商或管理背景、學歷等要求，只需投資 180 萬美元或 90 萬美元到美國移民局指定的「區域中心（TEA-Targeted Employment Areas）」便可，完成申請後，即可取得美國居民身份，並可在美國任何地方生活及工作。

什麼時「TEA」呢？美國地區中心 Regional Centers 負責監察，若發現該區的失業率，比美國全國平均失業率高出 1.5 倍，該處便成為目標就業的區域中心 Targeted Employment Area（TEA），代表這區很大機會會接納 EB-5 的投資計劃，而此計劃必須創造最少 10 個就業職位。

投資移民
美國好處

為了吸引外來投資者，EB-5 有很多好處和極具彈性。

EB-5 計劃優勢

- 一人申請，全家受惠
- 沒有移民監，只需每半年入境美國一次，而入境後逗留時間不限
- 沒有年齡限制
- 沒有工作經驗的限制
- 沒有英語及學歷的要求
- 最快 2 年可獲發有條件綠卡，5 年獲美國綠卡
- 取得綠卡後工作或生活，沒有任何限制

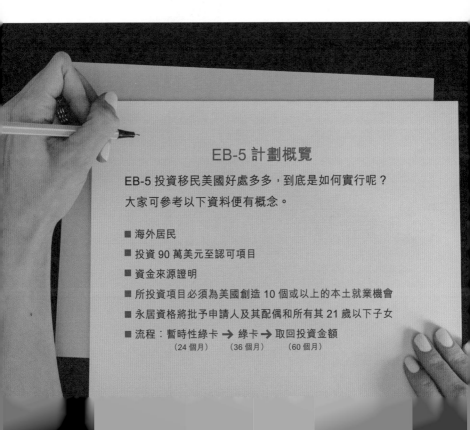

EB-5 計劃概覽

EB-5 投資移民美國好處多多，到底是如何實行呢？
大家可參考以下資料便有概念。

- 海外居民
- 投資 90 萬美元至認可項目
- 資金來源證明
- 所投資項目必須為美國創造 10 個或以上的本土就業機會
- 永居資格將批予申請人及其配偶和所有其 21 歲以下子女
- 流程：暫時性綠卡 ➜ 綠卡 ➜ 取回投資金額
  　　　（24 個月）　　（36 個月）　　（60 個月）

最適合港人移民美國方案

香港人申請 EB-5 優勢

過去美國公民和移民服務局（USCIS）採取「先到先審批」政策，由於來自中國大陸申請者的人數年年「爆滿」，使得過去的排期等候時間最高長達 15 年。但由 2020 年 1 月 30 日推出 EB-5 投資移民重大改革措施後，對於 I-526 表申請案件的處理，將由現行的「先到先審批」政策，改為以「申請人國籍」作為審批順序。

新的處理方法將優先處理簽證配額尚未用完的國籍 / 出生地申請人的個案，也就是申請人如果來自「可以立即獲得簽證或者很快獲得簽證的國家」，將獲得優先處理。因此如申請人出生地點是香港，無須跟隨中國大陸申請者的申請隊伍，大大加快申請速度，只需 5 年即可取得美國綠卡。

想了解更多有關美國 EB-5 計劃詳情，
立即以手機掃描相片觀看。

AR

移民方案
計劃要求

- 申請期間每年入境美國至少兩次；
- 申請人必須持有由香港警務處簽發的無犯罪紀錄證明書（俗稱良民證）。

EB-5 計劃申請流程

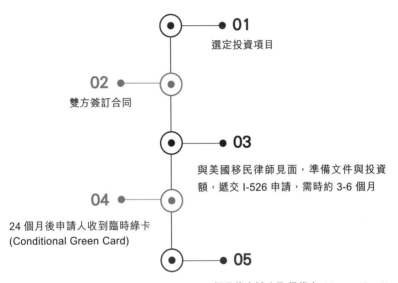

01 選定投資項目

02 雙方簽訂合同

03 與美國移民律師見面，準備文件與投資額，遞交 I-526 申請，需時約 3-6 個月

04 24 個月後申請人收到臨時綠卡 (Conditional Green Card)

05 60 個月後申請人取得綠卡 (Green Card)，可取回投資金額

冷知識

美國全球徵稅

很多朋友好擔心美國全球徵稅問題，其實無論海外或美國的收入，不一定需要繳稅但一定要報稅。美國雖然稅制複雜，有很多不同種類稅項，但同時亦有很多免稅額項目，如人工、管理費及維修費等。免稅額一般由萬多元至十萬多元美金不等，因此建議尋找專業人士協助。美國實行的是全球徵稅制，建議於落實移民申請後，尋找美國稅務師商討，事先做好稅務安排。

申請人年輕時於美國大學畢業，曾於美國工作數年，熱愛美國文化與教育，唯其後他回港發展，但一直希望子女能於美國接受教育。由於申請人現時於香港擁有自己的飲食生意，不能長時間離開香港，因此透過 EB-5 申請，於 2 年後即收到臨時綠卡，子女可前往美國升學，而申請人亦只須每半年入境美國一次，即可維持身份，三年後更可申請綠卡，無須結束香港生意。

職業：老闆
年齡：46 歲
子女數目：2 個
工作經驗：從事飲食業超過十年，現時經營三間食肆

APPROVED
APPROVED
APPROVED

美國
個案分享2

申請人從事政府工作愈 20 年，有感香港局勢不穩，希望能為子女取多一個身份，由於他屬舊制公務員，尚有數年便可退休，因此不選擇需坐移民監的國家，加上子女熱愛北美文化，故此選擇申請 EB-5 計劃，只須每半年入境美國一次，無需放棄香港工作，未來子女亦可到當地升學。

職業：公務員
年齡：50 歲
子女數目：2 個
工作經驗：從事政府工作超過 20 年

香港與美國生活
成本比較

想了解有關香港 VS 美國生活成本比較？
立即以手機掃描相片觀看。

AR

第六章
移民日本
其實可以好簡單

日本是世界公認的宜居國度，2018 年大阪及東京更被評為「全球最宜居城市」，

分別排名第 3 及第 7 位。日本政府已對海外人士的商業投資移民政策逐步放寬，

透過「經營管理簽證」，即可辦理日本永久居留權或日本國籍。

身為世界第三大經濟體的日本（Japan），在第二次世界大戰後迅速發展，成為亞洲工業國，發展至今科技已非常發達，備受世界推崇。

日本國土狹長，雖然幾乎全境處於地震帶，但從北至南形成各有特色的風景，甚至氣候也可分為北海道氣候、日本海側氣候、中央高地式氣候、太平洋側氣候、瀨戶內海式氣候及南西諸島式氣候。

人口	約 1.2 億	
面積	約 380 萬平方公里	
首都	東京	
貨幣	日圓 (YEN)	
匯率	1 YEN:0.07 HKD	
電壓	100V / 50,60	

日本北部雨量和降雪豐富，成就北海道 (Hokkaido) 滑雪聖地；南部的沖繩 (Okinawa) 則是陽光與海灘的代名詞。其中，大阪及東京均是亞洲宜居城市，國內經濟規模龐大而穩定，是個適合維持資產價值的環境。

乾淨的街道、精緻的食物和優良的傳統文化，乃至歷史悠久的溫泉文化，均被港人視之為第二故鄉。其實，日本的旅遊業一向發達，據日本觀光廳 2018 年 12 月 27 日發佈的資料顯示，截至 11 月 30 日，2018 全年訪問日本的外國遊客數突破 3,000 萬人次，與前年同月對比增長1.5%。

日本
優勢

01 高質生活環境

日本的生活環境優越，污染較少，無論大街小巷都很乾淨。日本的食品保質期可説是全球最短的，這些食品在質量和安全上完全沒有問題。

02 國民素質高

不論居住在日本的哪個地區都十分安全，而且全國犯罪率低，人身及財產都得以保障。

03 醫療福利完善

日本有全球醫療保障制度，凡參加醫療保險均可報銷一定比例的醫療費用：未滿 3 歲者只需自行負擔 20%，3 歲以上只需負擔 30%，重大醫療只需自行負擔 10%。

04 教育福利充足

小學和初中實行 9 年義務教育，而政府用於教育事業的費用佔國民收入 6%，是全世界最高國家之一。持有投資簽證的子女就讀日本大學，其學費只是國外留學生的三分之一到五分之一。

05 護照免簽排行第一

日本護照可免簽證自由通行 190 個國家及地區，比美國還要多。

06 土地私有化

日本土地和房產具有永久所有權，根據日本憲法第 29 條明確表明土地私有權神聖不可侵犯，任何人在日本購買的土地和房產都是永久所有權，而且不問國籍。

07 落實賭業 經濟起飛

日本國會已通過賭場合法化法案，允許投資者發展包括賭場、酒店、購物中心和會議中心等的綜合大型度假村，據《日本經濟新聞》引述市場研究報告指出，日本開設賭場，賭業市場可達到每年 158 億美元，超越包括拉斯維加斯、內華達州市場的 111 億美元。熱門的選址地點是橫濱和大阪，預料新賭場於 2023 年落成，刺激附近一帶經濟、勞動人口及住宿需求，加上 2025 年大阪世博落實，令日本的經濟前景更趨理想。

日本
入籍方式

取得日本國籍有兩種制度，一種是一般歸化制度，一種是簡易歸化制度。對於一般的人來說，都適用於一般歸化制度，不過當你跟日本人有血緣關係，或者和日本有地緣關係，也就是說比較親近日本的時候，一般歸化制度的各種條件，要求就會降低甚至不予考慮，這樣就演變成了簡易歸化制度。

一般歸化制度

1. 居住條件：在日本連續居住 5 年以上
2. 能力條件：無重大疾病
3. 品行條件：要求良好品行
4. 經驗條件：有固定的收入來源
5. 不承認多重國籍
6. 遵紀守法

簡易歸化制度

日本人的配偶等與日本人有關係的外國人，歸化條件有所緩和（簡易歸化），只要連續在日本居住 3 年以上，且有固定住所，或結婚達 3 年以上，且連續居住於日本 1 年以上，並有固定住所就可以。

其實可以好簡單　移民日本

日本有別於其他移民國家,雖然沒有確實的移民法案,但可透過以下五種
方法移居日本,其中,透過「企業家經營管理簽證」更可申請在當地永居。

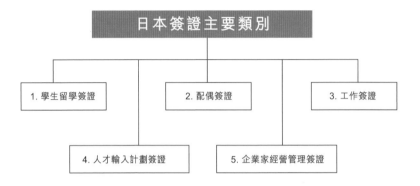

日本簽證主要類別

1. 學生留學簽證	2. 配偶簽證	3. 工作簽證
4. 人才輸入計劃簽證	5. 企業家經營管理簽證	

持有企業家經營管理簽證在逗留期內可獲住民票,容許留在日本三個月以
上,並可於當地申請銀行帳戶、手機號碼、貸款、國民健康保險及年金,
獲得社會福利。

專家推薦
最適合港人移民日本方案

企業家經營管理最合港人

要移居日本，最合適的投資方案就是「經營管理簽證」，這是安倍首相上任後，為填補城市勞動力的巨大缺口而設。透過移民公司的協助，申請人可以購入日本不動產，或以飲食 / 教育機構的特許加盟形式，獲得經營管理簽證。

早在 2015 年，日本已對外國人放寬了到當地創業的限制，針對在日開設公司的人士設立了「經營管理簽證」，取代原有的「投資經營簽證」，申請人，需要擁有大學學歷以及 3 年以上的管理經驗，並投資 500 萬日圓以上，即可開立日本公司，於日本從事公司經營或公司管理的活動，只要符合資格且遞交計劃書、資金證明、學歷證明等材料，即可申請簽證。一般申請期大約為 3 個月到半年，視乎申請的城市而定。

公司經營一年後，需要聘請員工。持經營管理簽證的外國人，只要取得日本的保險證及繳交保險費用，即可申請健保卡，享有只需負擔上文所

提到的一至三成醫療費用之福利。另外，申請人若續簽及居住滿 10 年，即可申請日本永住權，擁有永住權的人士不能參政及投票，但可以無限期逗留，取得永住權後更可申請歸化入籍，只要放棄原有國籍、通過面試及審查即可。

想了解更多有關日本經營管理簽證詳情？
立即以手機掃描相片觀看。

AR

日本
創業方案

透過經營管理簽證申請人需在日本開設自己公司，並需要有實體店。可透過於日本開設分公司、特許經營或收購日本現成生意項目等。

以上的方法中，筆者建議可選擇「特許經營」(Franchising)，因特許經營商一般都會提供適當的訓練，營運手冊和其他支援服務，使加盟者可以盡快掌握業務性質和有關管理技巧，所以就算稍欠經驗仍可有效地管理業務，

而且特許經營商一般都有良好的商譽及品牌，故加盟者可以使用為人所熟識的商標經營，減省龐大的推廣開支。

特別是香港人一般缺乏做生意的經驗，透過特許經營商對日本市場的瞭解，提供當地網絡及人力資源，能快速建立銷售網絡，毋須自行進行市場研究和開發等有關工作。

永住	VS	歸化
住滿 10 年及每年收入不少於 300 萬日元，經營生意持續性（每年在日本時間不少於 180 日，越長越好，要表現自己決心、積極，喜歡在日本生活，有報稅及穩定收入等）		滿 5 年以上及每年收入不少於 1,000 萬日元，經營生意持續性（每年在日本時間不少於 300 日，不可以逗留香港超過 3 個月，尤其是接近申請歸化時，多參與公益義工活動，對日本國家有貢獻有報稅，穩定收入，流利日語）
保留香港護照及身份證		不可擁有雙重國籍，不可保留香港護照及身份證
福利：厚生年金、國民保險、銀行貸款做生意、買樓		福利：厚生年金、國民保險、投票選舉、銀行貸款做生意、買樓低稅貸款、領事保護

經營管理
簽證要求

要求

- 於日本設立公司
- 申請人為經營的事業進行管理活動
- 擁有於日本國內作為辦公的具體物件 (辦公所、本公司 、營業所)
- 投資額 500 萬日元起
- 日本公司年收入達 300 萬日元或以上
- 公司正常納稅
- 無語言要求

經營管理簽證申請流程

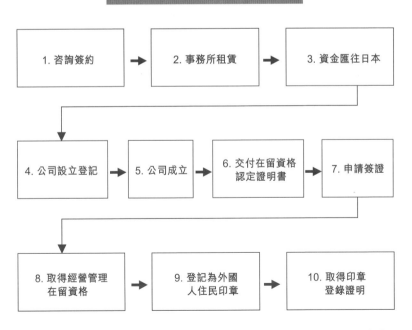

1. 咨詢簽約 → 2. 事務所租賃 → 3. 資金匯往日本

4. 公司設立登記 → 5. 公司成立 → 6. 交付在留資格認定證明書 → 7. 申請簽證

8. 取得經營管理在留資格 → 9. 登記為外國人住民印章 → 10. 取得印章登錄證明

簽證到期後續簽申請,滿 5 年可申請歸化入藉,滿 10 年可申請永住資格。

日本
個案分享1

申請人從事私人執業醫生超過 20 年，與太太喜愛日本生活環境，每年均會到日本旅遊 2-3 次，並希望能於日本過退休生活。客人有感日本英語發展市場潛力大，我們為客人配對國際教育企業，以特許經營模式開設流動英語教室，並由英國牛津劍橋畢業生授課，提供線上線下英語課程，成功取得經營管理簽證。

職業：醫生
年齡：50 歲
子女數目：沒有
工作經驗：從事私人診所工作超過 20 年

日本
個案分享2

申請人從事投資銀行工作超過 10 年，熱愛日本文化，發現日本特色居酒屋深受當地人與遊客熱愛，我們成功為客人配對特許經營模式開設雞翼專門店，並提供了相關訓練，營運手冊和支援服務，協助客人領取相關牌照經營，成功取得經營管理簽證。

職業：銀行家
年齡：40 歲
子女數目：單身
工作經驗：從事投資銀行工作超過 10 年

買樓移民日本

單純買樓是無法取得簽證的。因為「經營管理簽證」就如其字面意義，來日本之後一定要從事公司經營或公司管理的活動。買樓後，如只托付給管理公司，每個月收取房租費的話，雖然申請人是房產持有者，但實際管理物業的卻是管理公司。這種情況是不符合經「經營管理」活動的。但如以公司名義持有一幢公寓樓，公司作為管理公司，管理相關物件、收取房租，進行相關的經營活動的話，就可申請「經營管理簽證」。

VS

香港與日本生活

成本比較

想了解有關香港 VS 日本生活成本比較？
立即以手機掃描相片觀看。

AR

第七章
移民荷蘭與愛爾蘭
其實可以好簡單

要數新興移民國家，大家一定要認識荷蘭與愛爾蘭，因為兩個都是歐洲舉足輕重的國家，經濟實力強勁，而且教育質素媲美英美澳加，特別是英國脫歐後，多個國際企業已遷移至當地。荷蘭可透過到當地升學、工作及創業的方式移民；愛爾蘭利用投資移民方法即可取得永久居留身份，而且無居住要求，每年只需登陸一日，即可維持永居身份。

荷蘭
簡介

荷蘭於 2020 年正名為 Netherlands（取締了 Holland），意指低窪地，雖
說當地近三分一土地低於海平面，但擁有歐洲最大港口鹿特丹港，成為最
具競爭力的先進國家之一，也是全球第二大農業出產國。 荷蘭是世界上
最早擁有議會選舉的國家之一，亦是歐盟、十國集團、北約、經合組織、
世界貿易組織的創始成員國之一。

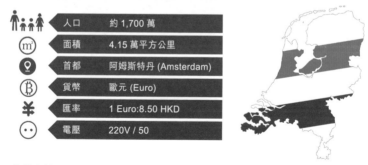

人口	約 1,700 萬
面積	4.15 萬平方公里
首都	阿姆斯特丹 (Amsterdam)
貨幣	歐元 (Euro)
匯率	1 Euro:8.50 HKD
電壓	220V / 50

荷蘭與德國、比利時接壤，位處歐洲中心，由首都阿姆斯特丹（Amsterdam）出
發一小時內就可抵達歐洲多個主要城市。國民可享 174 個國家免簽證待遇。

荷蘭有「歐洲花園」、「風車之國」及「鬱金香王國」之稱，亦號稱是世界上博物
館密度最高的國家，世界上唯一一個梵高博物館就坐落於此。

荷蘭 優勢

01 英語能力歐洲之冠

雖然荷蘭官方語言是荷蘭語，但超過 95% 荷蘭人能説流利英語，是歐洲非英語國家中英語能力最高。

02 受惠英國脱歐

荷蘭是世界第 18 大經濟體，有著名跨國公司包括飛利浦，喜力及 ING 等。自從英國脱歐，由於荷蘭人英語普及率高達 95%，能説流利英語，因此大量國際企業總部紛紛遷移至荷蘭，特別是金融企業，已有約 140 多家遷移至荷蘭。而且荷蘭一直渴求人才，對不同行業的專業人士及高管人才有莫大需求。

冷知識

單車王國

荷蘭有單車王國之稱，荷蘭雖然只有人口 1,700 萬，但單車數目就有 2,300 萬，即每人平均有 2 架單車。政府為推動環保減少廢氣，除了興建單車專用「高速公路」、提供 2.5 萬個單車泊車位，以及升級 60 多個單車存放設施外，更提供減税優惠，獎勵騎車人士每公里扣税 0.19 歐元，鼓勵更多市民騎單車出門。

03 全球最快樂國家

根據 2018 年全球和平指數顯示，荷蘭不僅是世界上最安全的國家之一，還是世界十大最幸福的國家之一。2013 年聯合國兒童報告指出，荷蘭的小朋友是全球最快樂的兒童。

04 多元教育體制 因才施教

荷蘭著重因才施教，學校功課壓力少，學習氣氛自由而不鬆懈。小學時主要培育小朋友自我分辨是非與自我解決問題能力，培育小朋友的自信心。荷蘭小學主要分公立學校與根據特定宗教或教育理念獨立運營的特殊學校，公立學校是指由政府管理，沒有宗教或哲學上的隸屬關係；而特殊學校是指宗教學校或為特別教育理念已建，例如蒙特梭利、道爾頓、國際學校等 ...... 教育體制多元化。

另外，荷蘭政府還會每季度發放不同金額的兒童津貼。而且擁有優質高等教育，於 2020 年泰晤士高等教育世界大學排名中，荷蘭 13 間大學位列世界 250 強，而期中 7 間更位列世界百強大學，教育質素高。

05 AAA 級經濟發達國家

荷蘭是世上最具競爭力的先進國家之一，經濟實力雄厚，獲標準普爾評級為 AAA 級的經濟發達國家。首都阿姆斯特丹雲集超過 450 家跨國企業總部；第二大城市鹿特丹就擁有全歐洲最大港口，有「歐洲門戶」之稱；而第三大城市海牙更有「世界法律城市」的美譽。

06 社會福利優越

荷蘭的高福利體制舉世知名，2018 及 2019 年連續兩年獲得墨爾本美世全球養老金指數排名第一，當地國民由出生至年老均可獲得豐厚的福利與保障。

各階段津貼

兒童津貼

- 每位小孩由出生開始每季領取
- 0 至 5 歲　　每季領取 € 201.05
- 6 至 11 歲　　每季領取 € 244.13
- 12 至 17 歲　　每季領取 € 287.2

醫療保險福利

- 18 歲以下的未成年人免費醫療保險
- 為低收入家庭提供醫療補貼
- 歐洲醫療保健條件最佳的國家

教育津貼

- 5 歲至 18 歲的免費中小學教育
- 18 歲以上每月學生津貼 € 113.66 - € 265.01
- 額外每月學生津貼最高約每月 € 565

養老津貼

- 養老金
  基本退休福利，滿 66 歲每月可領取最少約 € 700
- 長期護理法案（Wlz）
  身體或精神殘疾或感官障礙人士，可獲 24 小時護理

荷蘭世界排名 2019

全球地區趨勢報告 - IBM	第 1 位
全球養老金指數 - 墨爾本美世	第 1 位
全球最佳 Work-Life Balance 國家 - OECD	第 1 位
全球最優良國家 - 聯合國	第 2 位
全球最安全城市 - 經濟學人智庫	第 4 位
全球創新指數排名 - WIPO	第 4 位
全球最適合經商的國家和地區 - 福布斯	第 4 位
世界人才報告 - IMD	第 9 位

移民
計劃種類

荷蘭不是傳統的移民國家,沒有既定的移民法案,但當地需求優秀人才,因此有不同計劃希望吸納海外人才到當地發展。

專家推薦
最適合港人移民荷蘭方案

01 升學移民

荷蘭政府為吸引更多的人才到當地發展,鼓勵國際畢業生留於當地發展,荷蘭國際畢業生有一年的時間在當地找工作,而大學亦有不同的實習經驗及招聘活動,鼓勵畢業生留於當地發展,畢業生只要工作 5 年,即可申請荷蘭永居身份。

02 高技術工作移民

有志於荷蘭發展的人士,亦可透過高技術移民到荷蘭工作從而申請永居。自從英國脫歐,因多間國際企業紛紛遷移到荷蘭,因此當地對人才需求龐大。申請人如有大學學歷,有 5 年以上相關工作的經驗,及良好英語,若得到荷蘭公司的聘請,可帶同配偶及子女移居荷蘭,子女可享當地免費教育,於居住及工作 5 年後即可申請永居身份。

03 商業移民

申請人於香港擁有公司,亦可透過商業移民,於荷蘭建立新的業務或成立子公司,除了能將事業拓展至歐洲市場,亦可帶同配偶及子女移居荷蘭。

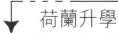

荷蘭升學
移民優勢

荷蘭文化自由民主，思想開明而且具備國際視野，創建不少優秀的高等學府，於 2019 年泰晤士報世界大學排名中，荷蘭 13 所大學全部位列世界 200 強大學，其中 7 所更位例世界 100 強，教育質素高。多間大學與國際企業與有緊密合作，為畢業生提供實習經驗，提升競爭力；而且學費只需英美一半，吸引世界各地學生到當地升學。

01 分流雙軌制質量高

荷蘭高等教育採分流雙軌制，分為普通教育與職業教育兩類。U 類大學以研究為導向（簡稱 WO），學士學位為三年，以科研為主；H 類大學就以應用科學為主導（簡稱 HBO），學位課程為四年，性質偏向實務，如工程學、護理系等。

02 留學性價比高

荷蘭的高等教育由政府補貼，學費遠低於其他英語國家。此外，還有很多針對成績優秀的國際學生的獎學金機會。如畢業後在荷蘭工作，還可申請學費退稅。荷蘭高等教育機構的學位課程年度學費，非歐盟學生約 10,000 至 15,000 歐元，具體視學校而定。

03 生活成本相宜

與其他西歐地區相比，荷蘭的生活成本相對較低。包括房租和保險費，每月需要 800 到 1,000 歐元。

04 英語主導 易於適應

荷蘭大學有超過 2,100 個課程完全用英語授課。此外，95% 的荷蘭人會說英語，所以日常生活交流完全沒有問題。

05 創新的教學模式

荷蘭的大學因精心設計的現代化課程和先進的設施而享譽全球。大多數教程和研討會都是在 15-30 名學生的小組中進行。

06 國際化社會環境

荷蘭的國際學生來自 160 多個不同的國家，而且社會多元化，包容性非常強。

07 易於就業

荷蘭逾 2,500 家跨國企業投資，當中很多有為大學生提供實習機會，為日後就業鋪路。據歐盟 Education and Training Monitor 2019 報告指出，荷蘭畢業生就業率達 92%，遠高於歐盟標準。

想了解更多有關荷蘭升學詳情？
立即以手機掃描相片觀看。

AR

申請
要求與流程

針對荷蘭升學移民，以及高技術工作移民的流程如下圖。

升學移民要求

- 需提供校內成績 (DSE,IBetc.)
- IELTS 4 個項目均獲 5.5 分或以上

工作配對申請要求

- 大學畢業
- 擁有 5 年以上相關工作經驗
- 良好英語

升學建議及輔助

IELTS 英語培訓

課程建議及配對

課程申請

面試培訓

安排大學面試

獲得取錄

簽證及著地安排

背景分析及評估

IELTS 英語培訓

重整履歷表

工作配對

面試培訓

安排與僱主面試

獲得取錄

簽證及著地安排

著地服務

住宿建議及安排	安排醫療保障
當地生活指引	融入社區文化

香港與荷蘭生活成本比較

想了解有關香港 VS 荷蘭生活成本比較？
立即以手機掃描相片觀看。

AR

愛爾蘭（Republic of Ireland），位於愛爾蘭島，是北美通往歐洲的重要通道，曾是英國殖民地。受惠於歐盟身份及英國條約，愛爾蘭國民持該國護照，除了可享當地福利外，更可享有英國及歐盟國家的福利。

人口	約 475 萬	
面積	70.3 萬平方公里	
首都	都柏林 (Dublin)	
貨幣	歐元 (Euro)	
匯率	1 Euro:8.50 HKD	
電壓	200V / 50	

愛爾蘭為典型溫帶海洋性氣候，受北大西洋暖流影響，冬暖夏涼。當地經濟近十年增長為歐盟成員國之冠，人均 GDP 已超過德、英、法，2019 年全年經濟增長高達 6.3%。

愛爾蘭
移民優勢

01 無移民監

移民愛爾蘭無居住要求，每年只需居住 1 天即可維持永久居民身份

02 地理位置優越

愛爾蘭位於歐洲和美國之間，由 1921 年起獨立於英國，是歐盟成員國之一，而且愛爾蘭和英國是歐洲唯一全英語國家，持有愛爾蘭護照可以自由出入英國及歐盟所有國家。

03 企業稅低

愛爾蘭企業所得稅低至 12.5%，2013 年被《福布斯》評為最適宜經商的國家，吸引大型科技企業總部設於愛爾蘭，例如：Google、Facebook、LinkedIn 等科技巨擘的歐洲總部均是設於愛爾蘭，故愛爾蘭也有「歐洲矽谷」的美譽。此外，也有不少醫療科技及製藥企業落戶於愛爾蘭，包括全球十大藥廠的輝瑞（Pfizer）、強生（Johnson & Johnson）、諾華（Novartis）等。

04 可享免費醫療及教育

愛爾蘭教育體制與英國相近，教育體系乃世界排名前十，其公立小學至中學均是免費。

05 申請簡單快捷

申請無語言及身體檢查要求，申請時間只需約 4-6 個月，即可取得優先批刻信。只需於當地居住滿 5 年即可申請入籍愛爾蘭，而且愛爾蘭是允許雙重國籍的國家。

06 一國護照 三個福利

持有愛爾蘭護照，可於歐盟成員國自由出入、學習、居住、工作等。享受與本國居民同樣的醫療、教育資源待遇。 而根據 CTA 法案，英國和愛爾蘭公民享受自由進入並居住在彼此國家的權利，無需申請工作許可即可工作，享受同等的教育、醫療等社會福利，即使英國脫歐亦不受影響。

07 英愛教育資源共享

愛爾蘭公民可直接申請英國學校，無需附加任何語言考試，享受與英國學生一樣的學費待遇，並可直接用愛爾蘭高中畢業成績申請英國高校。

想了解更多有關愛爾蘭投資移民詳情？
立即以手機掃描相片觀看。

AR

愛爾蘭
移民計劃

愛爾蘭投資移民計劃（IIP）共有四種，均屬先獲批後投資性質，四款獲政府認可的投資計劃可詳情參考下頁圖表。

愛爾蘭投資計劃比較表

	私募基金	房地產投資信託基金	企業投資	團體捐獻
投資額	100 萬歐元	200 萬歐元	100 萬歐元	50 萬歐元
投資年限	3 年	5 年	3 年	一次性
投資用途	投資獲政府認可的私募基金	任何在愛爾蘭證券交易所上市的愛爾蘭房地產投資信託基金	投資已獲政府批核發展及興建社區房屋的愛爾蘭地產發展商	捐獻政府認可的愛爾蘭藝術、體育、健康、文化教育公益的項目
投資期滿後，可取回投資金額	視乎基金市場價格	視乎基金市場價格	100 萬歐元	捐獻金額不獲返還

專家推薦
最適合港人移民愛爾蘭方案

01 企業投資專案要求

需投資至少 100 萬歐元到一個或多個愛爾蘭企業，並保持至少 3 年以上。企業可以是投資人新設立的公司，或者是已經在愛爾蘭註冊的現有公司。企業必須註冊在愛爾蘭，並且總部必須設於愛爾蘭，投資款項必須有利於當地創造就業機會。

02 捐款專案要求

根據愛爾蘭投資居留計畫移民法案要求，完成捐款或投資義務後，投資人須向移民局提供文件，移民局確認後便會簽發原則性獲批函。申請要求有以下三點：

- 捐款不低於 50 萬歐元至藝術、體育、健康、文化或教育領域的愛爾蘭公益專案中，貢獻於愛爾蘭的公益慈善事業。

- 如果是 5 個投資人或以上投資至一個團體捐款項目中，每人可投資不低於 40 萬歐元。

- 捐款被認為是最簡單直接的投資方式，可免去資金最短投資期的要求。

申請要求

愛爾蘭的投資移民計劃申請要求簡單：

1　年滿 18 歲、非歐盟公民，無犯罪紀錄。

2　無語言要求。

3　提供 200 萬歐元或等值資產證明。

4　最少投資 100 萬歐元至愛爾蘭的企業 / 團體捐獻 50 萬歐元。

5　投資項目須得到愛爾蘭政府認可。

7　投資期最少 3 年。

8　可攜同 18 歲以下的子女，或 18-24 歲未婚及經濟未獨立子女。

申請流程

準備文件 ▸ 遞交申請 ▸ 收到 INIS 批准函 ▸ 投資 ▸ 登陸愛爾蘭 並取得簽證

冷知識

資產證明

無論申請任何愛爾蘭投資移民計劃，都需要提供 200 萬歐元或等值資產證明，而資產證明可包括不動產與流動資產兩大類別。不動產包括物業、車位、古董等，需提供相關物品的估價報告；而流動資產包括銀行存款、股票、基金、債券等，但需留意，任何尚未提取的退休金與強積金，均不計算在內。

香港與愛爾蘭生活
成本比較

想了解有關香港 VS 愛爾蘭生活成本比較？
立即以手機掃描相片觀看。

AR

第八章
專家拆解
6大移民陷阱

相信大家讀過之前篇章後，都會認同只要選擇適合自己的移民計劃，「移民其實可以好簡單」。但是，還有一些移民陷阱需要注意，筆者將在這章作出分享，讓大家辛苦積攢的移民資本要用得其所，並達到移民的目的，在另一國度安居樂業。

01 風景如畫背後的現實

市場和網絡滿佈移民影片和資訊,幾乎全是以旅行美景作誘導,這正是陷阱之一:旅行 ≠ 移民

旅行時,大家都會選擇在風景和氣候絕佳的日子外遊。如暑期的北半球風景明媚,但其他季節就例外,冬天的冰島早上 10 點太陽才升起,而下午 1 點就日落,這種日子可長達半年,位於同一緯度的加拿大,冬天的日子跟冰島差不多,港人未必能適應當地的日常起居。

另外,風景好而人口少的地方如澳洲,動物昆蟲會特別多,尤其是蒼蠅,要適應這種生活先得做好心理準備。又例如加拿大的黃刀鎮是著名極光景點,

想感受偏遠地區滿佈蒼蠅的環境?
立即以手機掃描相片觀看。

AR

但長期生活的話，須忍受極光季節以外的不良氣候和荒涼，常常聽見客人說想移民到加拿大大西洋四省、王子島等，因看到 YouTube 介紹當地旅行影片好像不錯。朋友們，你知道王子島只有 0.41% 加拿大人居住嗎？如果連土生土長的加拿大人都未去過的偏遠地區，你真的願意與家人到當地生活嗎？ 大家真的接受得到嗎？

02 便宜莫貪

礙於種種原因，總有人急著要離港，於是以移民成本最低、最容易入籍的地方為目標。常言道，便宜莫貪，這些地方以便宜作招徠事必有因，例如極端氣候的地方，連當地人都不會居住，他們需要自願者來開發。香港人何苦要像古人被充軍那樣，還要帶著畢生積蓄與家眷，去為別人開疆闢土呢？

想了解更多有關移民的陷阱？
立即以手機掃描相片觀看。

AR

03 華麗的推銷手法

大家可能聽過不少推銷移民的台詞如：香港生活壓力大、地少人多，不如選擇某些東南亞國家，當地生活輕鬆得多、無論住處或社區都較寬敞舒適，而且小孩到當地入讀國際學校，學費比香港更便宜。

事實上，這是一種華麗的推銷手法，背後卻隱藏著一些潛在問題，例如近年新興的馬來西亞第二家園計劃，由於申請門檻低，當地樓價低廉，而且更有居留權，吸引眾多香港人計劃移民當地。但需留意，馬來西亞第二家園只是提供十年的居留期限，不能入籍當地，並不是一個移民計劃，而且當地約六成人口信奉伊斯蘭教，女性地位低。若選擇移民當地，要小心了解是否能適應當地文化風俗。

又例如，大家可能都會聽過，香港小孩到了某某國，身邊都是外國小孩，學習英文的速度會有效很多。事實上，該處可能過於偏僻，根本沒有港人選擇居住。

外國天氣太冷？屋內和商場都有暖氣嘛！重點是，當風雪太大時會無法出門，車子都無法開動，這種極端氣候若佔全年的大部份時間，會影響到日常起居。

所以，港人移民要重視生活的便利性。早前新冠肺炎疫情期間，大家居家抗疫已叫人怨聲載道，何況要在一個完全陌生的國度，忍受 3 至 5 年的移民監日子呢！

04 選擇適合移民國家及城市的重要性

除了以上種種，每個移民國都要求申請人在當地住滿一定年期，才可獲發護照，實際上，萬一你或家人無法忍受當地天氣與環境，甚至染病，你又可有時間和金錢，重新選擇另一個地方移民？況且，全世界的移民政策和條例都在收緊，要回頭重新選擇，條件可能更嚴苛，過程更艱難，所以正確選擇移民國家及合適定居城市是十分重要。

提防「掛職」陷阱

某些國家的僱主擔保移民的項目，標榜不用申請人到公司上班，只需自己支薪給自己，便能找到當地僱主擔保，提供工作簽證，移居當地。但留意，若這樣「掛職」情況一旦被移民局發現，申請人有機會被遞解出境，甚至被列入黑名單，永遠無法移民至該國。

 跳板式移民

大家可能聽過「你可先以相對便宜的價錢，移民到歐洲某小國，取得歐盟護照後，便可遷至其他大城市入學或居住，並享受當地的福利。」這是一大謬誤！

歐盟共有 27 個國家，均互相簽訂了神根公約，讓國民可以在這些國家之間自由進出及就學，要留意的是，如欲享受當地國民福利，就必須取得當地居留權，最簡單的方法，是在當地擁有一份穩定工作。例如憑藉葡萄牙護照，可在荷蘭居住 90 日，但如要在荷蘭求診時享有醫療福利，就須有荷蘭居住證，而取得居住證的條件，是得先在荷蘭有穩定工作。簡單來説，就是要有工作和交税，才可享有福利，有義務才有權利。

還有些魔鬼細節，如希臘或葡萄牙，的確只需付出金錢，便可取得當地居留身份，但要取得護照，就必須在當地住滿 5 年或 7 年。

坊間還流行一種説法，慫恿申請人先取得土耳其護照，再以 E2（僱主擔保移民計劃）入境美國找工作和居住；或以投資移民的方式申請前往英國。

首先，土耳其不是歐盟國家；其次，為何要選擇如此迂迴的途徑，而不直接申請移民美國或英國？有説取道土耳其可避免移民監，可是別忘了，當再移民至英國或美國，一樣要坐移民監的！再者，以上方法花費的成本，並不比直接申請移民英美少。

> **總結**
>
> 雖然近年香港社會情況轉差，令香港人想移民的數目急速上升，但筆者提醒大家，移民是為了讓自己與家人，擁有更好的生活與未來發展，切忌慌不擇國，做錯決定！

附錄

7 大移民國衣食住行大比拼

（下表數字均以港元為單位，只供參考。）

	加拿大	英國	美國	日本	澳洲	荷蘭	愛爾蘭	香港
🚕 交通								
的士起錶	22	29	25	45	21	32	34	24
🧭 生活								
家用寬頻（每月）	421	298	508	337	379	335	432	198
水電（以 880 呎單位面積計算）	868	1,478	1,249	1,540	1,118	1,427	1,231	1,551
健身房	276	289	294	620	340	258	365	614
電影	77	96	94	126	92	102	94	100
🏢 住屋								
市區一房單位租金	7,274	7,167	10,744	6,239	8,625	9,245	10,538	17,893
市區三房單位租金	11,804	12,120	17,160	13,747	14,357	14,862	17,481	38,486

	加拿大	英國	美國	日本	澳洲	荷蘭	愛爾蘭	香港
🍕 餐飲								
1.5L 水	12	9	14	9	13	7	12	14
雞蛋 12 顆	19	18	18	17	23	20	23	28
牛奶 1L	14	9	7	14	8	7	8	23
大米 1kg	21	9	32	38	14	16	13	16
1 人普通餐廳用餐	83	119	117	60	102	128	128	50
麥當勞套餐	55	57	62	49	61	68	68	40
進口啤酒 (0.33l)	41	38	47	38	31	15	24	19

備註：
各國數字取自該國各省市平均值。

相關網站

1	加拿大移民局網站： https://www.canada.ca/en/services/immigration-citizenship.html
2	澳洲移民局網站： https://www.homeaffairs.gov.au
3	英國移民局網站： https://www.gov.uk/government/organisations/home-office
4	美國移民局網站： https://www.uscis.gov
5	日本移民局網站： http://www.immi-moj.go.jp/english/
6	荷蘭移民局網站： https://ind.nl/en
7	愛爾蘭移民局網站： http://www.inis.gov.ie
8	歐盟居民福利網站： https://europa.eu/youreurope/citizens/index_en.htm
9	各國生活成本統計： https://www.numbeo.com/cost-of-living/

移民
其實可以好簡單

作者	Margaret Szeto
責任編輯	Michael Chung
文字記錄	Echo Wong
文字校對	Andrew Kong
封面設計	Eva Lin
內文設計	Eva Lin

出版	研出版 In Publications Limited
市務推廣	Evelyn Tang
查詢	info@in-pubs.com
傳真	3568 6020
地址	香港九龍灣宏通街 2 號寶康中心 4 樓 404 室

香港發行	春華發行代理有限公司
地址	香港九龍觀塘海濱道 171 號申新證券大廈 8 樓
電話	2775 0388
傳真	2690 3898
電郵	admin@springsino.com.hk

台灣發行	永盈出版行銷有限公司
地址	新北市新店區中正路 505 號 2 樓
電話	886-2-2218-0701
傳真	886-2-2218-0704

出版日期	2020 年 7 月 15 日
ISBN	978-988-74793-0-7
售價	港幣 98 元 / 新台幣 430 元